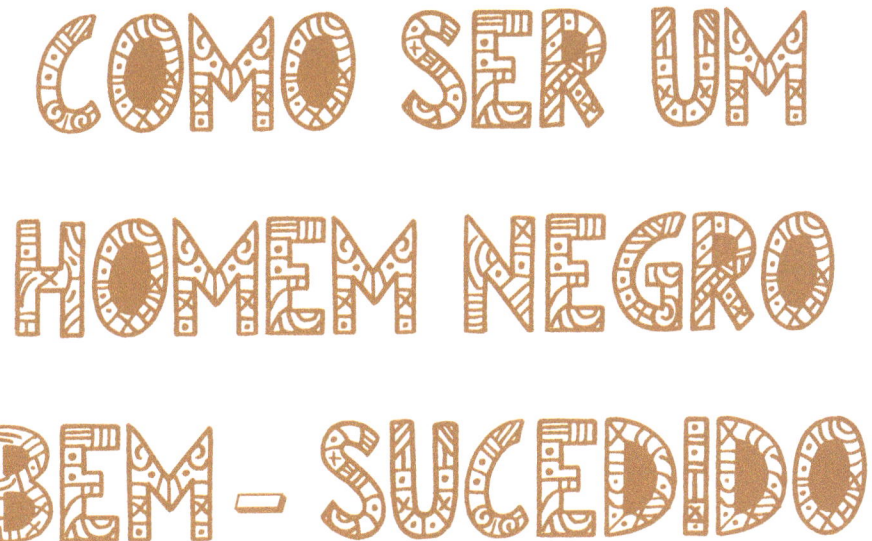

COMO SER UM HOMEM NEGRO BEM - SUCEDIDO

Escrito por **Daniel Laroche**
Ilustrado por **James Christy Bazile**

Publicado por Daniel Laroche MD
49 West 127th Street
New York, NY,10027
dlarochemd@gmail.com

Library of Congress Control Number: 2023911115
ISBN# 979-8-9851110-4-0
Publicado nos Estados Unidos

Layout do Livro Artist Metu

AGRADECIMENTOS

Eu gostaria de agradecer ao meu falecido pai, Senhor Daniel Laroche, de Porto Príncipe, Haiti, e minha Mãe Lise Beaulieu Laroche de Montreal, Canadá, por seu amor e dedicação durante toda a minha vida para me dar as melhores oportunidades de sucesso. Eu gostaria de agradecer aos falecidos Dr. Ivan Van Sertima, Dr. John Henrik Clark e Dr. Yosef Bem Jochannan. O seus muitos trabalhos acadêmico-literários sobre a origem africana e história da espiritualidade e ciência têm sido tremendamente inspiradores para meu sucesso e auto-conheciemnto. Se você ainda não leu o trabalho deles, eu fortemente os encorajo a fazê-lo. Eu também gostaria de agradecer pelos ensinamentos acadêmicos de Jabari e Anika Osaze com o Santuário de MAAT, pelo seu trabalho na reconstrução do legado kemético. Por fim, eu quero agradecer à minha esposa Marjorie e meus filhos Ariel e Gabrielle por seu amor e apoio. Que este livro seja o começo de sua jornada para aprender mais sobre a gloriosa história do Vale do Nilo, Kemet, Kush e incorporar os ensinamentos de nossos ancestrais em direção ao seu sucesso pessoal e social.

Meu nome è Rei Menès.
Eu vivo no ano 3.000 antes da Era Comum.
Eu sou o primeiro rei de Kemet e Kush na
Àfrica (agora conhecidos como Egito que
unificou o norte e o sul em um ùnico reino.
È importante saber sua històra e o seu
valor.

VOCÊ SABIA QUE A CIVILIZAÇÃO COMEÇOU NA ÁFRICA?

Todos nós somos descendentes de uma mulher negra conhecida como Lucy da terra agora conhecida como Etiópia, anteriormente chamada de Kemet e Kush.

- A civilização começou na África há 200.000 anos atrás.
- Há 150.000 anos os habitantes começaram a deixar a África para povoar o resto do mundo.
- Com o derretimento das geleiras o continente africano conec tou-se com a Mesopotâmia, permitindo a migração.
- Á África forneceu as bases da Ciência, Tecnologia, Religião e da Vida.
- Todas as pessoas têm algum percentual de DNA que vem da África.

OS NEGROS ERAM REIS NO VALE DO NILO E KEMET E SÃO LÍDERES NA ÁFRICA ATUAL

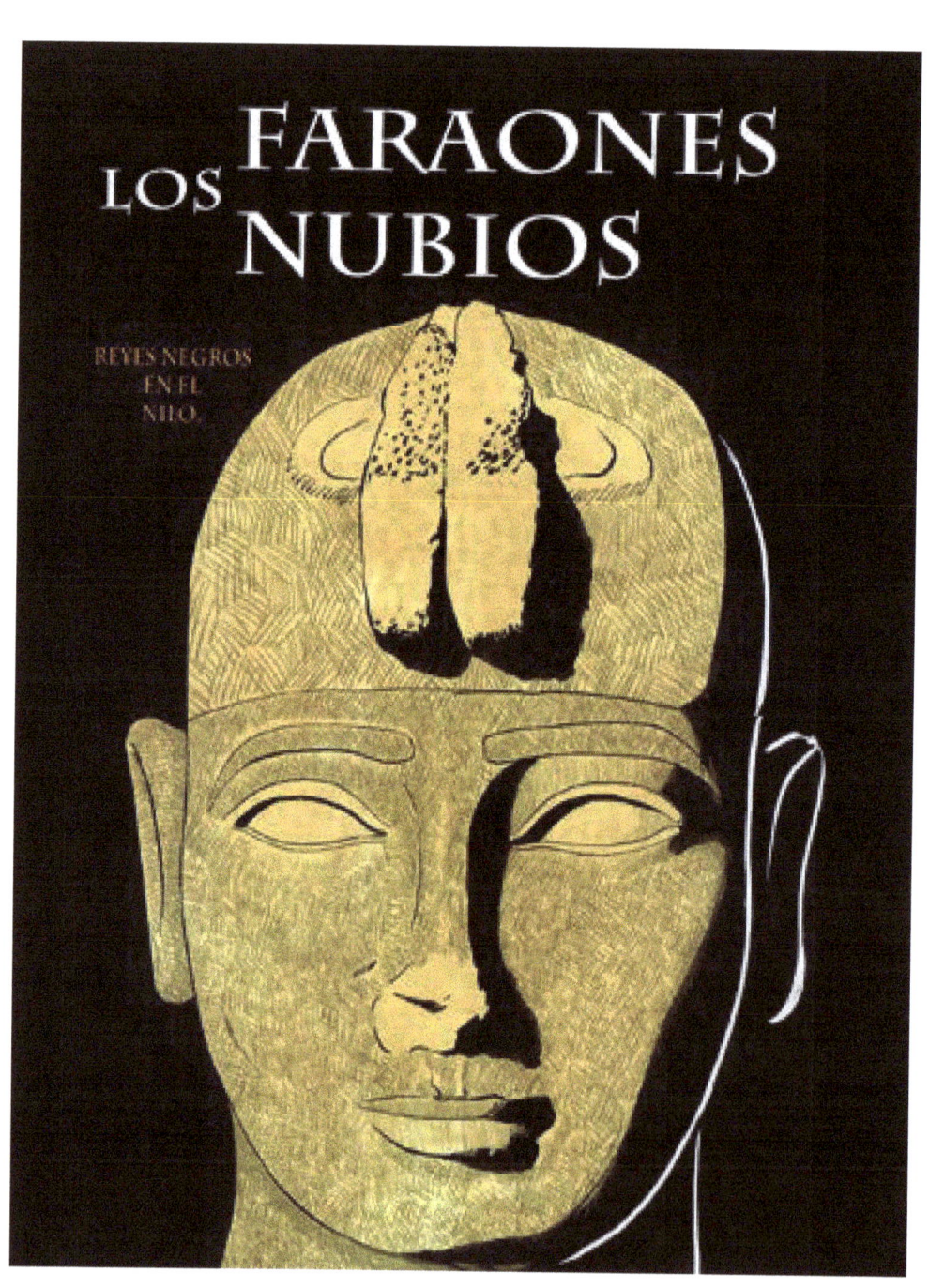

A RELIGIÃO È UMA PARTE IMPORTANTE DA NOSSA SOCIEDADE E VOCÊ DEVE SABER QUE ELA SE ORIGINOU DOS SISTEMAS DE CRENÇAS E ESPIRITUALIDADE DA ÀFRICA

- Amun (nós agora falamos "Amém") era o poderoso Deus original da África
- A primeira Trindade foi Ausar, Auset e Heru
- Isso evoluiu para o Judaísmo e o Cristianismo

Auset
Isis
La virgen María

Ausar
Osaris
Espíritu Santo

Heru
Horus
Jesús

- Akhenaten foi o fundador do monoteísmo, acrença num único deus, o deus sol

- O Ankh era o crucifixo originalna África

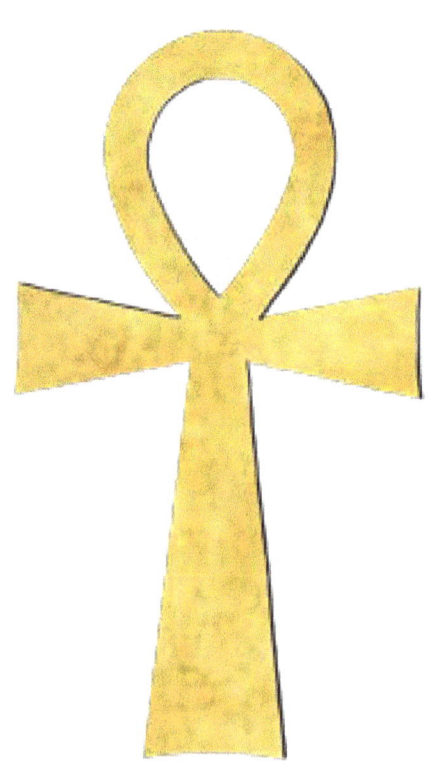

VOCÊ SABIA QUE MAAT TINHA 42 ADMOESTAÇÕES, OU MANDAMENTOS, E QUE MAAT SE ORIGINOU NA ÁFRICA?

- Esses ensinamentos existiam 2.000 anos antes dos Dez Mandamentos de Moisés.
- MAAT era uma deidade feminina
- MAAT formou as bases do Judaísmo, Cristianismo, Islã e muitas outras religiões ao redor do mundo que surgiram desde então

È IMPORTANTE CONHECER SUAS RAÍZES

- Em primeiro lugar, você deve saber que vivemos em um mundo que ensina às pessoas a falsa doutrina da supremacia branca
- Escolas ao redor do mundo ensinam com imagens de um Deus branco, um Jesus branco
- Escolas, mídia e sociedade ensinam e promovem fal samente que os brancos são mais inteligentes que os negros, e que osnegros eram apenas escravos e não os fundadores da civilização na África
- A supremacia branca foi criada para tirar vantagens do povo negro

POR QUE É IMPORTANTE SABER A VERDADE ACERCA DAS NOSSAS RAÍZES?

- Uma vez ciente dessa supremacia branca artificial você não terá baixa auto-estima
- Você ficará mais confiante
- Você se sentirá mais seguro e será mais capaz de tril har seu caminho para o sucesso

MUITOS LÍDERES HISTÓRICOS MARCHARAM CONTRA O POVO NEGRO

Minha decisão de destruir a autoridade dos negros em São Domingos (Haiti) não é só baseada em questões comerciais ou financeiras, mas pela necessidade de bloquear para sempre a marcha dos negros no mundo.

-Napoleón Bonaparte-

È IMPORTANTE TER UM FORTE SENSO PRÒPRIO?

• Com o falso ensino e a promoção da supremacia branca, alguns pensam que tentando ser brancos irão ser mais aceitos e menos discriminados

- Muitos brancos continuam a praticar discriminação ra cial contra os negros hoje em dia e negam a fundação africana da civilização.

• A bíblia hebraica contém dois conjuntos de regras para governar escravos: um conjunto para escravos hebreus (Lev 25: 39-43) e um segundo para os escravos cananeus (Lev 25: 46-46). A principal fonte de escravos não hebreus eram prisioneiros de guerra.

• Os escravos hebreus, em contraste com os escravos não-hebreus, tornaram-se escravos por causa da extrema pobreza (caso em que poderiam vender-se a um proprietário israelita) ou por incapacidade de pagar uma dívida. Não há escravidão nas admoestações de MAAT.

CUIDADO COM O PLÁGIO E A CORRUPÇÃO DO SISTEMA ESPIRITUAL AFRICANO

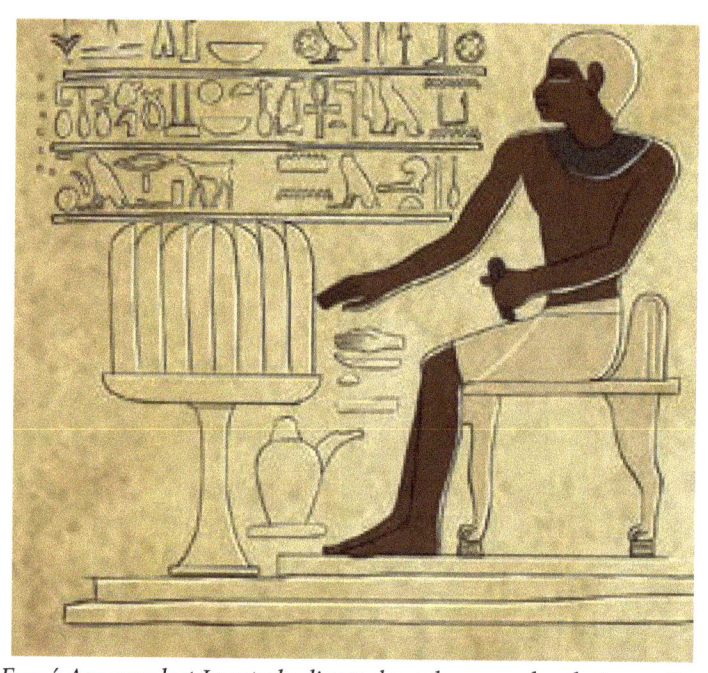

Faraó Amenemhat I sentado diante das velas sagradas de Amen-Ra

As velas da Kwanzaa são uma restauração moderna das velas africanas de Amen-Ra

Os africanos hebreus tiveram as velas de Amen-Ra transformadas em velas Me-no-Rá

16

• Muitos cristãos praticaram roubos de terras de povos nativos, praticaram escravidão e colonialismo contra negros. Eles também criaram Jesus como uma imagem branca do Filho de Deus.

VOCÊ SABIA QUE EXISTE ESCRAVIDÃO MENCIONADA NA BÍBLIA?

• Efésios 6:5: "... Vós, escravos, obedecei a vossos senhores terrenos com respeito e temor, na sinceridade de vosso coração, como a Cristo; Não servindo à vista, como para agradar aos homens, mas como servos de Cristo, fazendo de coração a vontade de Deus..."

VOCÊ SABIA QUE DE ACORDO COM O ALCORÃO O ISLÃ PERMITIU A ESCRAVIDÃO?

• O Profeta Muhammad tinha escravos, e eles incluíam: Safivya bin Huyayy, a quem ele libertou e com quem se casou. Maria al-Qibtivva, dada a Muhammad por um oficial sassânida, a quem ele libertou e que pode ter se tornado sua esposa; Sirin, irmã de Maria, a quem elelibertou e casou com o poeta Hassan bin Thabit e Zayd ibn Harithah, a quem Muhammad libertou e adotou como filho.

Você sabia que muitos muçulmanos roubaram as terras dos africanos e praticam escravidão modernacontra negros na Líbia?

È IMPORTANTE APRENDER SOBRE AS LEIS DE MAAT?

No capítulo 125 do Papiro de Ani, encontramos a petição liderada por Anubis em Tuatna qual pronuncia suas 42 declarações afirmatórias listadas abaixo a partir da tradução de domínio público de Budge dos 42 Princípios Divinos de MAAT.

- Eu não cometi pecado.
- Eu não cometi roubo com violência.
- Eu não roubei homens ou mulheres.
- Eu não roubei comida.
- Eu não roubei ofertas.
- Eu não roubei de/da Deus/Deusa.
- Eu não contei mentiras.
- Eu não furtei comida.
- Eu não xinguei.

Ankh

Símbolo de la Vida

ESSES ENSINAMENTOS FORNECEM UM GRANDE FUNDAMENTO ESPIRITUAL

- Eu não fechei os ouvidos à verdade.
- Eu não cometi adultério.
- Eu não fiz ninguém chorar.
- Eu não tive motivos para tristeza.
- Eu não agredi ninguém.
- Eu não sou enganador.
- Eu não roubei a terra de ninguém.
- Eu não sou bisbilhoteiro.
- Eu não acusei ninguém falsamente.
- Eu não fiquei com raiva sem motivo.
- Eu não seduzi a esposa de ninguém.

ESSES ENSINAMENTOS FORNECEM UM GRANDE FUNDAMENTO ESPIRITUAL

- Eu não me profanei.
- Eu não aterrorizei ninguém.
- Eu não desobedeci a Lei.
- Eu não tenho estado sempre zangado.
- Eu não amaldiçoei Deus / a Deusa.
- Eu não me comportei com violência.
- Eu não causei perturbação da paz.
- Eu não agi precipitadamente ou sem pensar.
- Eu não ultrapassei meus limites em preocupações.

ESSES ENSINAMENTOS FORNECEM UM GRANDE FUNDAMENTO ESPIRITUAL

- Eu não exagerei nas minhas palavras ao falar.
- Eu não fiz o mal.
- Eu não usei tive maus pensamentos, palavras ou ações.
- Eu não poluí a água.
- Eu não falei com raiva ou com arrogância.
- Eu não amaldiçoei ninguém em pensamento, palavras ou atos.
- Eu não me coloquei num pedestal.
- Eu não roubei o que pertence a Deus / à Deusa.
- Eu não roubei ou desrespeitei o morto.
- Eu não tomei comida de criança.
- Eu não agi com insolência.
- Eu não destruí propriedade pertencente a Deus / à Deusa.

- A passagem da liderança e adoração de Amun para o monoteísmo de Ankenaton enfraqueceu o Império Kemético para, então, ser conquistado.
- A escravidão racial e a supremacia branca foram inseridas no judaísmo, cristianismo e islamismo.
- A escravatura não existia em MAAT.
- Colonialismo
- Deseducação

PORQUE HOMENS NEGROS ENFRENTAM ESTEREÓTIPOS NEGATIVOS?

- Fraco?
- Irresponsável?
- Etc...?

ESCRAVIDÃO E A CARTA DE WILLIE LYNCH

• Esta carta infame descreve opensamento que ocorreu durante a escravidãona América e no mundo.
• Descreve como os escravos deveriam ser "domados, temperados econdicionados".

Willie Lynch

• Os donos de escravos devem desenvolver uma maneira de "domar" os escravos.
• Havia três componentes para este plano:
-Medo
-Desconfiança
-Inveja

ESTRATÉGIA DE LYNCH Nº 1: CRIAR DIVISÃO

- Claros versus escuros
- Servos brancos (classe trabalhadora) versus todos os escravos negros
- Velhos versus jovens
- Homens versus mulheres
- Negros do campo versus negros da casa
- No final, todos deveriam amar, respeitar e confiar apenas no mestre branco.

ESTRATÉGIA DE LYNCH Nº 2:
"DOMAR"

• Para domar um cavalo, deve-se reduzi-lo de seu estado normal na natureza.

• Deve-se criar uma situação onde eles sejam dependentes em vez de independentes.

• Deve-se se referir a eles por um nome não humano – um nome qualquer.

• Deve-se tomar a sua mente, mas manter seu corpo

DOMANDO / TEMPERANDO

- Concentre-se primeiro na mulher e nas crianças.
- Uma mãe naturalmente protegerá seus filhos.
- Uma mãe treinará seus filhos a se comportarem de maneira que irá garantir longevidade.

DOMANDO / TEMPERANDO

- Pegue o escravo mais inquieto e reúna os outros ao redor para assistir.
- Dispa-o.
- Marque-o e o apresente.
- Coloque fogo nele.
- Bata nele.
- Não o mate.
- Isso causará medo nos corações daqueles que assistir.

- Uma mãe não vai querer que seus filhos sejam os próximos torturados dessa forma.
- Deve-se constantemente testar as fêmeas para garantir que elas se submeterão a todas as d mandas dos proprietários.
- Deve-se ensinar às escravas mulheres a descon fiar dos escravos homens – ela deve criar os seus filhos sozinha

DOMANDO / TEMPERANDO

• A escrava criará seus filhos para serem fisicamente fortes, mas mentalmente fracos e dependentes (por razões de segurança).

• Suas filhas serão criadas para fazer a mesma coisa que ela faz.

• As escravas que não se submeterem devem ser espancadas quase até a morte (mas não as mate, uma vez que são um investimento).

• Certifique-se de manter os escravos do sexo masculino longe de seus descendentes e da sua companheira.

DOMANDO

• Nunca permita que os escravos realmente se casem ou formem uma unidade familiar.

• Sinta-se à vontade para acasalar com escravas para adicionar "bom sangue branco" à sua prole.

DOMANDO

- Crie um novo idioma – é importante que os es
  cravos negros permaneçam estrangeiros nesta terra.
- Ensine-os a "falar como um negro" para que,
  caso escapem, eles não se comuniquem no mundo.
- A sociedade valoriza quem fala bem.

ESTRATÈGIA DE LYNCH Nº 3: SISTEMA DE RECOMPENSAS

• Faça com que o mestre de escravos / capitão do mato dê ao/à escravo/a tudo o que ele/ela precisa para sobreviver.

• Crie uma hierarquia de escravos com base na complacência à cultura escravista.

• Distribua recompensas / punições para aqueles que cumprem versus aqueles que não cumprem às expectativas

SISTEMA DE RECOMPENSAS

- Tenha escravos dispostos a ir contra a natureza humana para receber recompensas.
- Todas as decisões devem ser tomadas pelo senhor / capitão do mato.
- A autoridade do senhor / capitão do mato deve ser maior que a dos pais dos escravos.
- Separe as famílias conforme o necessário.

• Uma canção de ninar racista usada historicamente na Inglaterra para ensinar as crianças a contar.

DEZ crioulinhos saindo para jantar;Um selou a si mesmo e então havia nove

NOVE crioulinhos ficando acordados até tarde; Um dormiu demais e então havia oito.

OITO crioulinhos indo a Devon; Um disse que ficaria lá, então havia sete.

SETE crioulinhos cortando gravetos; Um cortou a si mesmo ao meio e então havia seis.

SEIS crioulinhos brincando em volta de uma colmeia. Uma abelha picou um e então havia-cinco.

CINCO crioulinhos indo ao tribunal; Um entrou na chancelaria e então havia quatro.

QUATRO crioulinhos indo à praia; Um arenque vermelho engoliu um, e então havia três.

TRÊS crioulinhos caminhando no zoológico; Um grande urso abraçou um, e então havia dois.

DOIS crioulinhos sentados ao sol; Um ficou frisado e então havia um.

UM crioulinho morando sozinho. Ele se casou, e então eles eram nenhum.

É por isso que nós nunca devemos usar a palavra crioulo, uma vez que ela foi utilizada contra o povo negro de forma negativa por muitas gerações.

COMO NÓS ROMPEMOS A HISTÓRIA QUE AINDA HOJE NOS AFETA PARA NOS TORNARMOS UM HOMEM NEGRO BEM-SUCEDIDO?

"NÒS DEVEMOS NOS EMANCIPAR DA ESCRAVIDÃO MENTAL"

"Nós vamos nos emancipar da escravidão mental, pois embora outros possam libertar nosso corpo, ninguém além de nós mesmos pode libertar nossa mente. A mente é nossa única governante; soberana."

-Marcus Garvey-

Quais são os 10 mandamentos?

• Não terás outros deuses antes de Mim.

• Você não deve fazer para si uma imagem esculpida – qualquersemelhança com qualquer coisa que há em cima nos céus, ou queestá abaixo da terra, ou que está na água soba terra; não te curvarás a eles nem servirása eles.

• Não tomarás o nome do SENHOR teu Deus emvão.

• Lembra-te do dia do sábado, para o santificar. Seis diastrabalharás e farás toda a tua obra, mas o sétimodia é o sábado do SENHOR teu Deus. Portantoo SENHOR abençoou o dia de sábado e o santificou.

• Honre seu pai e sua mãe, para que seus diaspossam ser longos sobre a terra que o SENHOR teu Deusestá te dando.

• Não matarás.

• Não cometerás adultério.

• Não furtarás.

• Você não deve levantar falso testemunho contra seu vizinho.

• Não cobiçarás a casa do teu próximo; não cobice a mulher do próximo.

• "Eu sou o Senhor teu Deus, não terásdeuses estranhos diante de mim".

• Este mandamento exclui o politeísmo, a crençaem muitos deuses, insistindo antes no monoteísmo, acrença em um só Deus.

• Este mandamento desconecta homens e mulheres negros da imagem e da adoração do DeusAusar e da Deusa Auset das Grandes Civilizações Africanas, e da divindade feminina MAATcujas leis governavam, exaltavam e respeitavam as mulheres.

QUEM SÃO ALGUNS DOS DEUSES QUE APRENDEMOS VOLTANDO AO KEMET ANTIGO E KUSH?

AUSAR

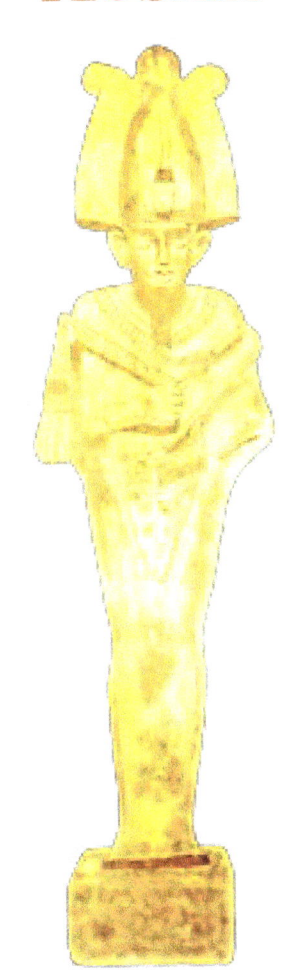

Ausar era uma das divindades mais importantes do Egito,era o deus do submundo. Ele também simbolizava a morte, ressurreição e o ciclo das inundações do Nilo do qual o Egito dependia para a fertilidade agrícola.

De acordo com o mito, Osíris (o nome grego de Ausar) foi um rei do Egito que foi assassinado e desmembrado pelo seu irmão, Seth. Sua esposa, ísis (o nome grego de Auset) remontou seu corpo e o ressuscitou, permitindo que eles concebessem um filho, o deus Hórus (o nome grego de Heru).

AUSET

Auset amamentando Hórus, próxima a Ausar

Como a mulher devota que ressuscitou Osíris após seu assassinato e criou o filho de ambos, Horus, Isis corporificou as virtudes tradicionais egípcias de uma mulher e uma mãe. Como mãe do deus do submundo, acredita-se que as representações do infante Hórus influenciaram as imagens cristãs de Maria com o menino Jesus.

HERU

Representado como um falcão ou como um homem com cabeça de falcão, Heruera um deus do céu associado à guerra e à caça. Ele também era a personificação da realeza divina e, em algumas épocas, o rei reinante foi considerado uma manifestação de Heru.De acordo com a história de Ausar, Heru era o filho deAuset e Ausar, concebido magicamente após o assassinato deAusar por seu irmão Seth. Heru foi criado para vingar o assassinato do pai.

PTAH

Ptah era o chefe de uma tríade de deuses adorados emMên-
fis. Os outros dois membros da tríade erama esposa de Ptah,
a deusa com cabeça de leão Sekhmet, e odeus Nefertem, que
pode ter sido filho do casal.
A associação original de Ptah parece ter sido com os artesãos
e construtores. O arquiteto da 4ª dinastiaImhotep foi
deificado após sua morte como filho de Ptah.

O deus do sol Re (Ra), um dos deuses criadores do antigo Egito.

Uma das várias divindades associadas ao sol, o deusRa era geralmente representado com um corpo humano e ocabeça de falcão.
Acreditava-se que ele navegava através docéu em um barco todos os dias e depois fazia a passagem pelo submundo todas as noites, durante as quais ele teria quederrotar o deus cobra Apopis, a fim de renascer.

HATHOR

A deusa Hathor era geralmente representada, como uma mulher comorelhas de vaca. Hathor personificava a maternidade e a fertilidade, eacreditava-se que ela protegia as mulheres no parto.Ela também teve um importante aspecto funerário, sendo conhecida como"a dama do oeste". (Os túmulos eram geralmente construídos na margem oeste do Nilo.) Em algumas tradições, eladava as boas-vindas ao pôr do sol todas as noites; pessoas vivas esperavamser bem recebidas na vida após a morte da mesma maneira.

ANUBIS

Anubis pesando a alma do escriba Ani

Anubis era responsável pelas práticas funerárias e o cuidadodos mortos. Ele era geralmente representado como um chacal ou como umhomem com cabeça de chacal. A associação dechacais com morte e funerais provavelmente surgiu porque os egípcios teriam observado chacais vasculhandocemitérios.

Thoth

Thoth, o deus da escrita e da sabedoria, pode ser representado na forma de um babuíno ou um íbis sagrado, ou como um homem com ocabeça de um íbis. Acreditava-se que ele havia inventado a linguageme a escrita hieroglífica e servia como escriba e conselheiro dos deuses. Como o deus da sabedoria, dizia-se que Thoth possuia conhecimento de magia e segredos indisponíveis paraos outros deuses.

Amòn

Amun era adorado localmente na cidade de Tebas, no sul. Amon era um deus do ar, e seu nome provavelmente significa o "O Oculto". Ele geralmente era representado como um homem usando uma coroa com duas plumas verticais.

Depois que os governantes de Tebas se rebelaram contra uma dinastia de governantes estrangeiros conhecidos como hicsos e restabeleceram o domínio egípcio nativo em todo o Egito, Amon recebeu crédito pela vitória. De certa forma, se fundiu com o deus sol Re e se tornou a mais poderosa divindade no Egito, uma posição que manteve durante a maior parte do Novo Reino.

Hoje, o enorme complexo do templo dedicado a Amon-Re em Karnaké um dos monumentos mais visitados no Egito.

POR QUE É IMPORTANTE SEGUIR MAAT E OS 10 MANDAMENTOS?

• Se todos seguissem esses ensinamentos as prisões estariam vazias e as pessoas viveriam em paz

POR QUE É IMPORTANTE BUSCAR CONHECIMENTO EDUCACIONAL E HABILIDADES?

• Um homem orgulha-se de si mesmo ao buscar conhecimento e educação, mesmo que ele não tenha muito por onde começar.

• Não ame ser ignorante e não pense que está tudo bem ser iletrado e só saber fazer drible no futebol. Aprenda também o processo para possuir uma franquia de bolas de futebol.

• Um homem negro quer ser levado a sério a maior parte do tempo, não sinta a necessidade de agir como um palhaço.

• Siga sua paixão e seja o melhor que você pode e tente melhorar seu ofício e habilidades todos os dias. Acompanhe os avanços e inovações e tente fazer contribuições originais.

ENSINE-OS QUEM ELES SÃO ENQUANTO SÃO PEQUENOS, COMEÇANDO EM CASA, E CRIE-OS COM CONHECIMENTO DE SI MESMO
-MALCOLM X-

POR QUE É IMPORTANTE CONSTRUIR RIQUEZA? POSSUIR O SEU PRÓPRIO NEGÓCIO? INVESTIR?

• Um homem negro economiza e investe dinheiro para construir riqueza para a sua família, ele pode até abrir o seu próprio negócio. Não se impressione por alguém ter gastado R$ 250 num bar na noite passada ou porque foi visto jogando dinheiro para o alto. Não viva de salário em salário.

• Um homem negro procura ser financeiramente forte e independente para que possa ser um bom provedor. Não gaste seu dinheiro assim que você o ganha. Não deixe dívidas para seus filhos. Deixe para suas crianças um legado.

• Crie uma conta poupança, invista em coisas que valorizam, como uma casa e imóveis.

• Invista em fundos de ações / fundos de títulos regularmente, com uma média de custos em reais, para criar um capital para a sua aposentadoria.

APOIE EMPRESAS NEGRAS EM SUA COMUNIDADE

• Um homem negro apóia empresas pertencentes a negros para que possam criar empregos para outros negros.
• Não pense que as empresas negras são de segunda categoria e não gaste todos o seu dinheiro em material caro, itens que depreciam com o tempo.
• 2 bilhões de dólares foram gastos em tênis recentemente.
• Invista em educação e em ativos que valorizam, como uma casa e imóveis adequadamente avaliados pelos Estado.

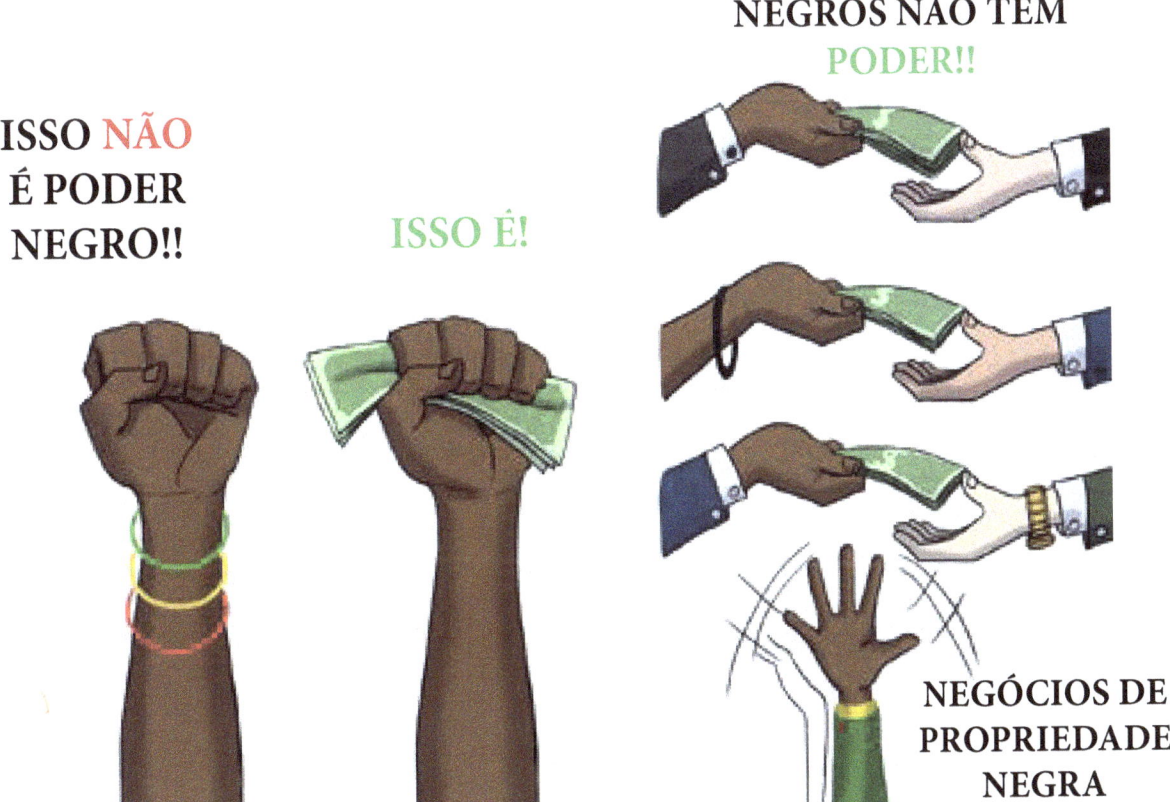

ISSO NÃO É PODER NEGRO!!

ISSO É!

É POR ISSO QUE OS NEGROS NÃO TÊM PODER!!

NEGÓCIOS DE PROPRIEDADE NEGRA

COISAS QUE VOCÊ DEVE TENTAR FAZER

- Ensino médio / faculdade / ensino profissionalizante, isso leva a menos desemprego e maiores recursos

- Pessoas com formação são mais propensas a ter dinheiro para viver a vida que gostam

- Case-se depois de conhecer sua potencial cônjuge por 3 anos.
- Isso garantirá que vocês realmente se conhecem e fornecerá uma base sólida para uma vida juntos.
- Não tenha filhos até se casar.
- Tente não se divorciar.
- Divorciar-se pode lhe levar a perder metade do seu patrimônio e o acesso aos seus filhos.

Tanto O Casamento Quanto A Educação São Altamente Eficazes Na Redução Da Pobreza Infantil

APOIE SUA FAMÍLIA E FILHOS

- Um homem negro cuida dos seus filhos, dando-lhes amor, orientação e o apoio que necessitam.
- Não abandone seus filhos.
- Planeje o futuro e a educação dos seus filhos.
- Faça um seguro de vida para seus filhos.
- Comece uma conta poupança para a educação deles.
- Comece a pagar um plano de aposentadoria.

NÃO USE DROGAS!

As consequências do abuso de substâncias incluem:
- Vício, estilos de vida e comportamentos pouco saudáveis.
- Vidas profissional e social prejudicadas.
- Problemas com a justiça.
- Perda financeira.
- Potencial para atividades criminosas e encarceramento.

EVITE O ENCARCERAMENTO

• Um homem negro vive um estilo de vida produtivo e evita a prisão, se possível.

• O encarceramento leva a uma maior dificuldade com emprego. Se ele está preso, ele usa essa experiência para ganhar uma chance de redenção e uma oportunidade de ajudar outros rapazes a aprender com seus erros.

• Ir para a cadeia não é um distintivo de honra.

• Aprenda com seus erros.

• Não faça seus pais falirem pagando fiançade milhares de reais para lhe tirar da prisão por conta de algo que você não deveria ter feito.

EVITE O ENCARCERAMENTO

• Os negros recebem penas 10% mais longas que os brancos.
• 13% dos homens afro-americanos não podem votar porque possuem uma condenação criminal.
• Após a prisão, o crescimento salarial é 21% menor para os negros em comparação aos brancos.

EVITE O ENCARCERAMENTO

FIGURA 10.

Efeito Do Encarceramento Juvenil Na Probabilidade De Conclusão Do Ensino Médio E Encarceramento De Adultos

O encarceramento juvenil reduz a probabilidade de conclusão do ensino médio em mais de 13 pontos percentuais e aumenta a probabilidade de retornar à prisão na vida adulta em mais de 22 pontos percentuais, em comparação com jovens infratores não detidos.

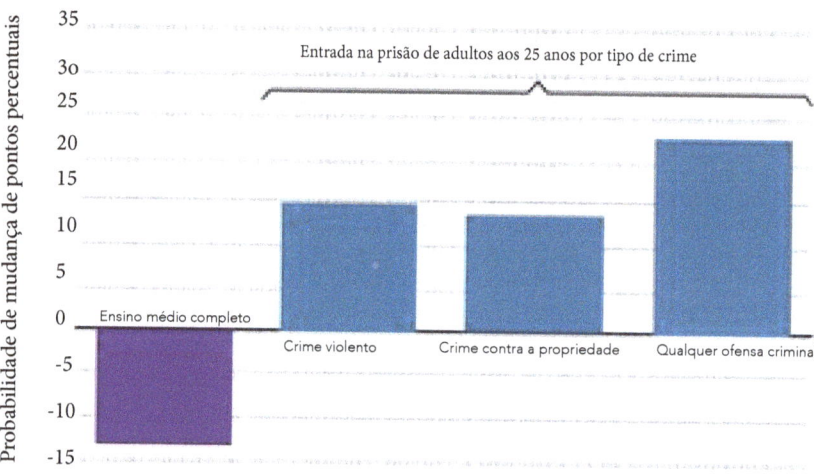

Fonte: Aizer e Doyle, 2013.
Nota: As barras mostram estimativas de regressão do efeito causal do encarceramento juvenil na conclusão do ensino médio e na reincidência de adultos estatisticamente significativas. Para mais detalhes, consulte o apêndice técnico

• Um registro criminal pode reduzir a probabilidade de uma entrevista ou oferta de emprego em quase 50 por cento.

• Oimpacto negativo de um registo criminal é duas vezes maior para candidatos afro-americanos.

• As doenças infecciosas são altamente concentradas em-penitenciárias: 15% dos presos psiquiátricos e 22% dos presos - em comparação com 5% da população em geral –já relatou ter tido tuberculose, hepatites B e C, HIV, AIDSou outra IST.

- Um homem negro é disciplinado acerca de suas escolhas sexuais.
- É natural gostar de mulheres.
- Um homem de verdade respeita a mulher.
- Não tenha um bando de mulheres.
- Conheça sua sorologia para HIV.

- Citação de Malcolm X -

"O HOMEM NEGRO NUNCA TERÁ O RESPEITO DE NINGUÉMATÉ ELE PRIMEIRO APRENDER A RESPEITAR SUAS PRÓPRIAS MULHERES"
"

Boom. Mas acima de tudo, é necessário criar um ambiente para ser respeitado

• Um homem negro, apesar de seus erros, procura crescer como pessoa e se tornar mais responsável.

• Não more nos fundos da casa de sua mãe e nem pressuponha que outra pessoa vaicuidar deseus filhos.

• Não jogue videogame no sofá da salaaté os 40 anos.

PROTEJA A SUA COMUNIDADE LEGALMENTE

• Um homem negro está disposto a pegar em armas para defender sua comunidade e proteger seus filhos.

• Não pegue em armas para matar outro homem negro.

• Não brigue por algo estúpido, como por causa de um homem que pisou em seu pé no barou te olhou torto

TOME UMA POSIÇÃO CONTRA O RACISMO

• Um homem negro é, simplesmente, um HOMEM:

• Tome uma posição contra o racismo, proteja sua família e comunidade.

• Não fique calado e nem pense que o homem negro que eu acabei de descrever está "agindo como branco".

NÒS VIVEMOS EM UM MUNDO CAPITALISTA!

• Ser proprietário de um negócio, terreno e/ou casa torna você mais bem sucedido.

• Ser um empregado ou inquilino pode não lhe tornar bem sucedido, a menos que você tenha um conjunto de habilidades notáveis.

TENTE EVITAR A POLÍCIA E SIGA O COMANDO DELES PARA SOBREVIVER ÀS ABORDAGENS!

CANTIGA DE NINAR PARA A SOBREVIVÊNCIA PARTE 2, POR UM MENTOR MEU

Dr. Gerald Deas

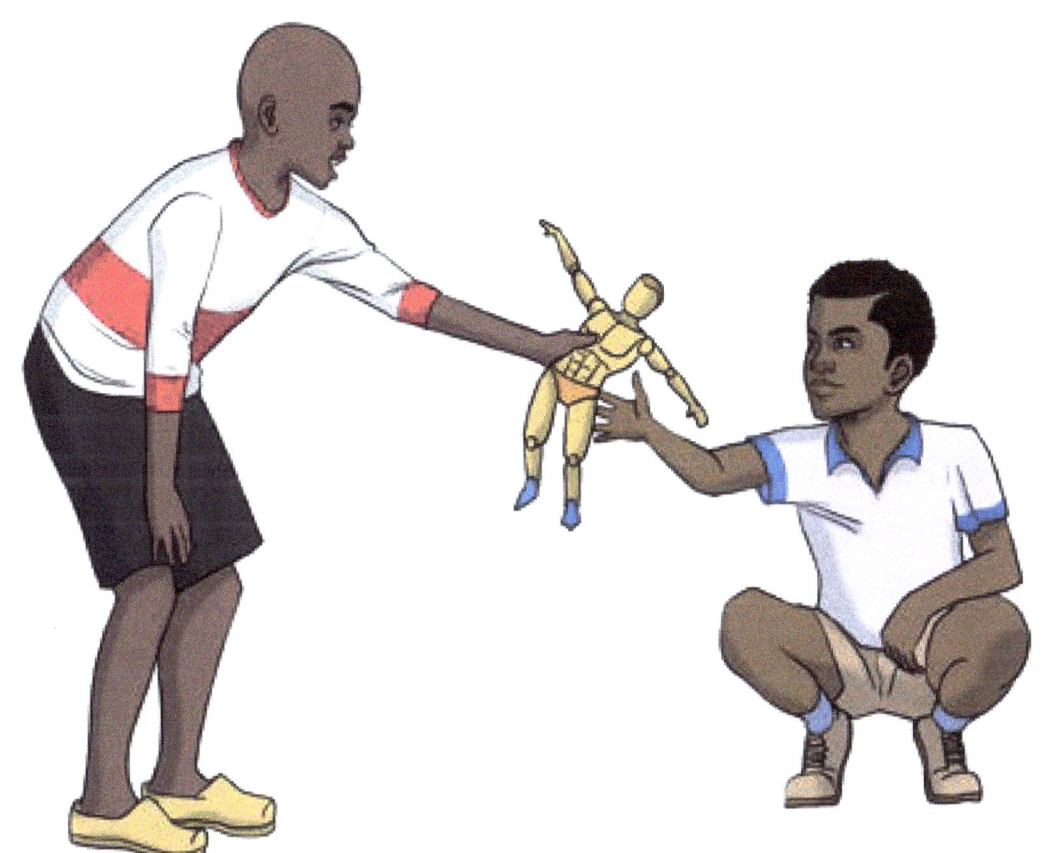

• Um menino negro foi amado e cresceu; ele com-
partilhou com outro e então havia DOIS.

• Dois meninos negros aprenderam a concordar; com a ajuda uns dos outros, então havia TRÊS

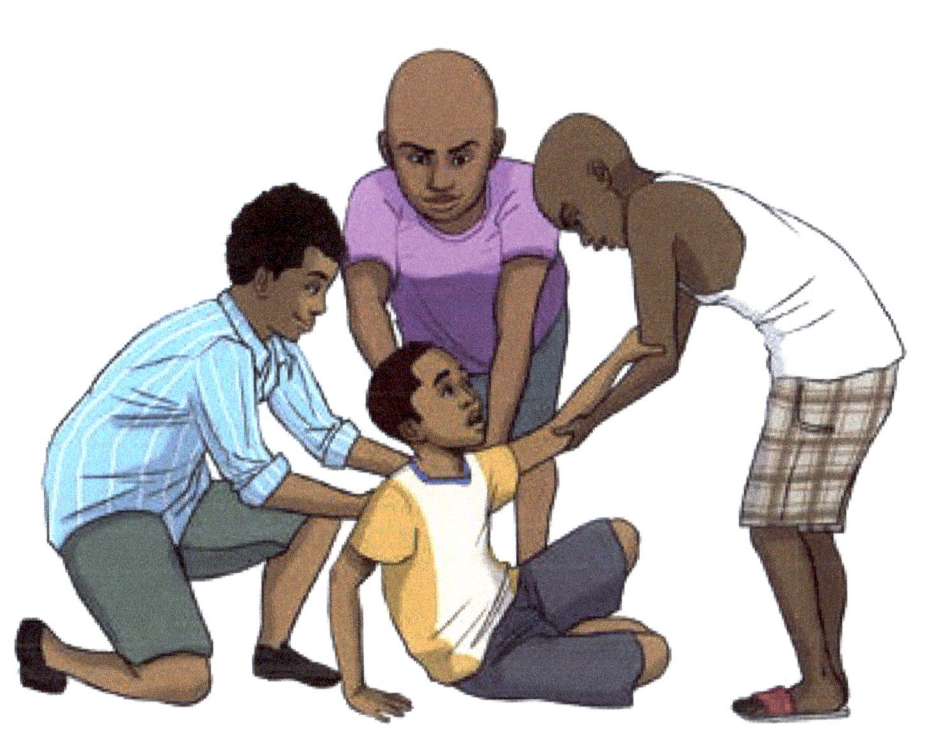

• Três adolescentes negros aprenderam a fazer ainda mais; eles levantaram um que havia caído e entãohavia QUATRO.

• Quatro jovens negros aprenderam a sobre-viver;eles se deram as mãose entãoeram CINCO.

• Cinco jovens negros construíram com tijolos e argamassa; eles encorajaram outro construtor, eentão havia SEIS.

• Seis Irmãos Negros foram do inferno ao céu; eles transformaram outro irmão e entãohavia SETE.

• Sete estudantes negros aprenderam a nunca se atrasar; um irmão sério os acompanhou e então haviaOITO.

• Oito homens negros tornaram-se fortes com o tempo; eles uniram forças e então lá eram NOVE.

• Nove meninos negros tornaram-se homens fortes; eles procuraram um líder, e então havia DEZ.

• Dez meninos negros são apenas alguns:

TORNAR-SE HOMENS E MULHERES FORTES
DEPENDE DE VOCÊS!

OBRIGADA PELO SEU TEMPO E APOIO!

Essa é a primeira edição. Se você tiver sugestões ou comentários para aprimorar esse livro eu vou amar lhe ouvir, e você pode me escrever dlarochemed@aol.com

Se vocêgostou desse livro e gostaria de patrocinar cópias para outro jovens negros, por favor envie contribuições via PayPal para dlarochemed@aol.com Obrigado.

LEITURA ADICIONAL SUGERIDA

A auto-biografia de Malcolm X, de Alex Haley e Malcolm X
• Blacks in Science: Ancient and Modern, de Ivan Van Sertima
• Christopher Columbus and the Afrikan Holocaust: Slavery and the Rise of European Capitalism, de Dr. John Henrik Clarke
• The Teachings of Ptahhotep: The Oldest Book in the World,de Dr. Asa G Hilliard III, Larry Williams
• Marcus Garvey and the Vision of Africa, de Dr. John Henrik Clarke
• They Came Before Columbus: The African Presence in Ancient America (Journal of African Civilizations)de Dr. Ivan Van Sertima
• 7 Little White Lies: The Conspiracy to Destroy the Black Self-Image,de Mr. Jabari G Osaze
• The Isis Papers: The Keys to the Colors, de Dr. Frances Cress Welsing
• Chronicle of the Pharaohs: The Reign-By-Reign Record of the Rulers and Dynasties of Ancient Egypt With 350 Illustrations 130 in Color,de Peter A. Clayton
• Philosophy And Opinions Of Marcus Garvey, de Marcus Garvey

PREGUNTAS DE DISCUSIÒN

1. Depois de ler este livro, você acha que vai navegar pela vida de maneira diferente?
2. Se você ocasionalmente usa aquela palavra com C, como você se sente sobre usá-la agora depois de ler estelivro?
3. Seu senso de auto-estima mudou depois de ler este livro? Em caso afirmativo, como?
4. Como os Princípios Divinos de MAAT se comparam aos 10 Mandamentos? O que você acha sobre suas semelhanças?
5. O que você pode fazer hoje para mudar os estereótipos negativos dos homens negros?
6. Quais são alguns dos impactos residuais da escravidão sobre os homens negros hoje?
7. Como você vai repassar as lições aprendidas neste livro para sua comunidade?
8. Você tem uma ideia de negócio que possa gerar riqueza na comunidade negra? Se sim,por favorcompartilhe. Quais recursos você acha que precisará para iniciar seu negócio?
9. Você acredita que a educação desempenhará um papel na mudança da trajetória dos homens negros?
10. Agora que a maconha pode ser legalizada, como você acredita que o uso não medicinal afetaráa comunidade negra? Você vê isso como uma oportunidade ou apenas uma outra maneira para outrogrupo de pessoas se aproveitar da comunidade negra?
11. Você tem um amigo com quem gostaria de compartilhar esse livro? Se sim, por quê?